CW00493374

Herausgegeben von Don Pino Sardella

DIE SCHÖNSTEN SPRÜCHE

DER HEILIGEN

Mit Betrachtungen am Rande

Titel: Die schönsten Sprüche der Heiligen - Mit Betrachtungen am Rande

Autor: Don Pino Sardella

Cover-Foto: By Republica from pixabay

Innenfoto: "Silhouette of crosses" by geralt from pixabay

"Prüfen Sie sich oft selbst, Sie werden sehen, dass Ihre Fehler nicht lange andauern werden."

Der heilige Johannes von Avila

REFLECTION

Mit diesem Aphorismus will der heilige Johannes
von Avila (6. Januar 1499 - 10. Mai 1569) die oft
unterschätzte Bedeutung der Gewissenserfor-
schung betonen.

Was bedeutet es wirklich, eine Gewissenserfor-
schung zu machen? Ihr Gewissen zu prüfen bedeutet, sich Ihren Sünden, Ihren Fehlern, Ihren
Unzulänglichkeiten zu stellen. Nachdenken über
das, was wir falsch gemacht haben, über die Wir-
kung, die unsere Fehler auf andere hatten.

Indem wir weiterhin an sie denken und sie im
Hinterkopf behalten, haben wir eine Chance, beim
nächsten Mal rechtzeitig anzuhalten.

"Schieben Sie das Gute, das Sie heute tun können, nicht auf morgen auf."

Heiliger Johannes Bosco

REFLECTION

Don Bosco (16. August 1815-31. Januar 1888),
Schutzpatron der Salesianer, erinnert uns an die
Dringlichkeit, Gutes zu tun: Die Zeit vergeht und
wartet nicht auf uns, wir dürfen nicht bereuen,
was wir nicht getan haben, wenn wir nichts mehr
tun können.

Dieser Gedanke gilt für die eigenen Verwandten,
Freunde und sogar Fremde. Lasst uns nicht warten, lasst uns keine Zeit verlieren: Lasst uns han-
deln und Gutes tun.

"Heiligkeit besteht darin, an allem zu leiden."

Heilige Therese von Lisieux

REFLECTION

In diesem Zusammenhang sprechen wir von Heiligkeit.

Die Sublimierung von Schmerz ist eine Konstante in der christlichen Geschichte: Das Christentum selbst wurde im Schmerz der ersten Märtyrer geboren, die getötet wurden, weil sie das Wort Gottes in eine heidnische Welt brachten.

Die heilige Thérèse von Lisieux (2. Januar 1873 - 30. September 1897) sagt, dass der Heilige sich mit seinem Nächsten identifiziert und mit ihm leidet, er empfindet Mitgefühl. Und all das Leid der Welt fällt auf seine Schultern: das Leid der Armen, das Leid der Ausgestoßenen, das Leid der Andersartigen.

"Vergessen Sie nie, wie wichtig es ist, sich gegenseitig zu lieben."

Heilige Teresa von Avila

REFLECTION

Die heilige Teresa von Avila (28. März 1515 - 15. Oktober 1582) ist die Gründerin des religiösen Ordens der Karmeliten der Abgeschiedenheit.

Die Nonne erzählte in einer Zeit, in der sie viele Menschen außerhalb des Klosters traf, ein Bild von Jesus Christus gesehen zu haben, das mit einer Wunde bedeckt war. In diesem Moment war sie gerührt, weil sie in einem einzigen Augenblick die Liebe, die er der ganzen Menschheit gewidmet hatte, um den Preis seines Lebens präsentiert hatte. So kam es, dass er aus einem Gefühl der Undankbarkeit gegenüber Jesus Christus heraus jede andere Tätigkeit als das Gebet unterbrach.

Liebe also, die Liebe Jesu Christi zum Menschen, die ihn in den Tod brachte. Das müssen wir immer im Hinterkopf haben, und wir müssen immer danach streben, unseren Nächsten zu lieben. In diesem Zusammenhang sprechen wir von Heiligkeit.

"Die Quelle unseres Leidens ist es, zu wollen, was wir nicht haben können."

Heilige Katharina von Siena

REFLECTION

Wie oft haben wir beim Spazierengehen auf der Straße schon einen schönen Sportwagen gesehen? Oder eine schicke Uhr? Oder Designerkleidung?

Zweifellos haben auch wir uns gewünscht, sie zu besitzen. Auch wenn es Dinge sind, die außerhalb unserer Reichweite liegen. Und wir haben darunter gelitten, richtig? Was braucht es also, um dieses Leiden zu beseitigen? Eliminieren Sie das Verlangen nach Dingen, die wir nicht haben können, materielle Dinge, die wirklich nicht wichtig sind. Ändert ein schönes Auto irgendetwas an meiner Art zu sein? Was, wenn ich einen noch schöneren haben möchte? Sie riskieren, in einem Kreis zu enden, aus dem Sie nicht mehr herauskommen.

Es ist besser, sich dem zu widmen, was man haben kann, und das Beste aus sich herauszuholen, was man kann.

"Predigt das Evangelium zu allen Zeiten. Wenn nötig, benutzen Sie Worte."

Heiliger Franz von Assisi

REFLECTION

Der heilige Franz von Assisi (1181 - 1226) will
uns mit diesem Satz dazu bringen, über die Bedeutung und Wichtigkeit des Beispiels über bloße
Worte hinaus nachzudenken. Das Evangelium zu
verkünden bedeutet vor allem, sich so zu verhalten, wie es die Lehren des Evangeliums vorsehen:
durch Taten, durch das Beispiel, wird das Wichtigste der Verkündigung erreicht. Nur wer sieht,
dass der Christ sich wie ein Christ verhält und
nicht nur auf schöne Worte zurückgreift, wird in
der Lage sein, tief nachzudenken und sich dem
Wort Gottes zu nähern.

"Vergleichen Sie Ihre Stärken und Schwächen nicht mit anderen, sondern nur mit sich selbst."

Heiliger Pio von Podolica

REFLECTION

Wie oft ertappen wir uns dabei, dass wir uns mit anderen vergleichen, was unsere Fähigkeit angeht, Projekte abzuschließen, unseren Erfolg bei der Arbeit, unser Geld oder unsere Fähigkeit, mit dem anderen Geschlecht in Beziehung zu treten? Sicher, wir leben unter anderen Menschen, also ist es ein natürlicher Prozess. Aber das ist nicht die richtige Art und Weise, sich selbst zu bewerten: Stattdessen sollten wir darüber nachdenken, was wir selbst am Vortag getan haben, und uns überlegen, wie wir es am nächsten Tag besser machen können.

Der heilige Pius von Podolica (1239-1288) schlägt vor, dass die Herausforderung, uns zu verbessern, sowohl materiell als auch spirituell, nur bei uns selbst liegt.

"Das Gebet ist nicht die Lösung
für alles Böse, sondern der Kontakt mit dem Guten."

Der heilige Apollonius von Alexandria

REFLECTION

Wir stellen uns das Gebet oft als eine Art Wunschzettel vor: Ich bete für einen besseren Job, für einen glücklichen Umstand, um im Lotto zu gewinnen, und mein Wunsch geht in Erfüllung.

Das ist nicht so. Das wäre zu einfach. Das Gebet dient der geistigen Erhebung, dem Kontakt mit Gott, der Quelle aller Barmherzigkeit. Gott hat einen Plan für uns alle: Wenn es uns scheint, dass er unsere Gebete erhört hat, ist in Wirklichkeit nur das passiert, was er für uns geplant hat.

Warum also beten? Denn es macht uns bewusst, dass wir nicht allein sind. Dass unser Leben, wie auch immer es verläuft, ein Spiegelbild im Jenseits hat.

"Demut ist die größte aller Tugenden. Demut vor den Menschen und vor Gott."

San Filisteo Mariano

REFLECTION

Demut ist ein wiederkehrendes Thema in christlichen Schriften.

Demütig zu sein bedeutet zu erkennen, dass der eigene Verdienst zu jedem Zeitpunkt von vielen anderen übertroffen werden kann. Antike Kaufleute spendeten Reichtum an den Tempel, um ihre Macht zur Schau zu stellen, so wie viele andere reiche Menschen in der heutigen Zeit im Rampenlicht für wohltätige Zwecke spenden, um wahrgenommen zu werden. Aber es wird immer jemanden geben, der reicher, mächtiger und tugendhafter ist. Was nützt es also, mit seiner Tugend anzugeben?

Wir sind alle kleine Menschen vor Gott.

"Es sind nicht die Zeiten, die schlecht sind: es sind die Menschen, die schlechte Zeiten schaffen. Lasst uns friedlich leben und wir werden friedliche Zeiten schaffen."

REFLECTION

Der große Augustinus von Hippo (345-430 n. Chr.) konfrontiert uns mit einem Dilemma, das oft diskutiert wird. Welche Rolle spielt der einfache Mann bei der Prägung seiner Epoche, im Guten wie im Schlechten? Es wäre sehr einfach, wie es oft gemacht wird, sich einem einfachen "es ist die historische Zeit, ich kann nicht anders" hinzugeben. Es ist eine Art, jede Verantwortung von sich zu weisen.

Aber nein: Jeder von uns kann auf seine eigene kleine Weise etwas tun, um die Situation aller zu verbessern. Historische Zeiträume werden von Menschen gemacht, und von Menschen müssen sie verändert werden.

REFLECTION

Was muss ein Mensch tun, um Weisheit zu erlangen?

Ständige Anwendung, Studium, Zuhören und vor allem viel Geduld. Geduld, eine Kardinaltugend, besteht darin, zu wissen, wie man wartet. Und unser Warten darf nicht passiv sein, sondern aktiv: Wir warten und arbeiten akribisch daran, unser Wissen weiterzuentwickeln, und wir lernen zu verstehen, dass andere Menschen nicht immer verstehen, was wir sagen wollen.

"Gelassenheit erlangt man nur durch den Kontakt mit Gott."

Santa Cristina aus Valfurva

REFLECTION

Wir werden oft und gerne von allen möglichen Sorgen geplagt. Die Unruhe umgibt uns und lässt uns nicht los und hindert uns daran, die einfachsten Handgriffe auszuführen. Manchmal geht dieses Gefühl in Panikattacken über.

Nun, die heilige Christine litt unter Panikattacken, und ihre Lösung war das Gebet. Dank des Gebets und des Kontakts mit Gott konnte sie diese Ruhe, diese Sicherheit finden, die ihr in ihren dunklen Momenten half. Sie wiederholte sich selbst, dass sie nicht allein war, nicht einmal, wenn sie krank war, und auf diese Weise überwand sie die Dunkelheit.

"Der Glaube muss die Frucht des Denkens sein. Blindes Vertrauen ist wertlos."

Der heilige Augustinus von Hippo

REFLECTION

In einer seiner vielen exquisiten theologischen Reden spricht Augustinus von der Essenz, der eigentlichen Struktur des Glaubens.

Oft denken wir, dass Glaube blinder Gehorsam ist, ein unhinterfragter Glaube, der nur aus Dogmen besteht. Dies ist nicht der Fall. Augustinus fordert uns auf, uns selbst in Frage zu stellen, unser Wissen und unseren Intellekt zu nutzen, wie begrenzt auch immer, um unserem Christsein einen weiteren Sinn zu geben.

Schließlich hat Gott selbst uns Vernunft und Intellekt gegeben, warum sollten wir sie also verschwenden?

"Ein Sonnenstrahl genügt, um viele Schatten wegzufegen."

Heiliger Franz von Assisi

REFLECTION

In diesem Zusammenhang mahnt uns der heilige
Franz von Assisi, Vertrauen in die Zukunft und in
Gott zu haben. Das Leben ist hart, es ist voller
Fallstricke, Versuchungen und Schwierigkeiten.
Es gibt Zeiten, in denen wir am liebsten alles
beenden würden. Aber das Licht Gottes kann sich
auch in den Momenten manifestieren, in denen
wir am meisten entmutigt sind, und es wird von
selbst ausreichen, um uns die Kraft zurückzu-
geben, zu reagieren und unser Leben wieder in die
Hand zu nehmen.

"Irren ist menschlich, ausharren ist teuflisch."

Der heilige Augustinus von Hippo

REFLECTION

Diese berühmte Phrase enthält eine sehr wichtige Bedeutung. Wir alle machen Fehler. Es gibt keinen Menschen, der keine Fehler macht. Das ist ein Teil der menschlichen Natur.

Was ist der Unterschied? Zwischen denen, die irren und aus ihren Fehlern lernen und denen, die aus Bequemlichkeit irren. Es wäre zu bequem, jedes Mal Ausreden zu erfinden, um sich zu rechtfertigen: Das Bewusstsein, Böses zu tun, ist schlimmer als das Böse selbst. Lernen wir also, mit unseren Fehlern zu leben, aber sie zu schätzen und uns für die Zukunft zu korrigieren.

"Die Form, durch die die Seele mit dem Körper verbunden ist, kann der Mensch nicht verstehen. Aber aus dieser Verbindung wird der Mensch geboren."

REFLECTION

Lassen Sie uns gemeinsam mit dem heiligen Augustinus das heikle Thema der mit dem Körper verbundenen Seele ansprechen.

Man lehrt uns, dass es in uns einen Lebensfunken gibt, der Seele genannt wird. Die Seele qualifiziert uns als Mensch und ist letztlich das, was uns Leben gibt. Aber wie ist es möglich, etwas Unsterbliches in einem sterblichen Körper zu haben?

Dieses Paar ist eines der großen Geheimnisse des Glaubens. Sie kann von ihrem Wesen her nicht vom menschlichen Intellekt verstanden werden.

"Falsche Bescheidenheit ist schlimmer als Stolz."

San Quintino von Rieti

REFLECTION

Lassen Sie uns das Konzept der Aufrichtigkeit analysieren: sich so zu verhalten und zu erscheinen, wie man wirklich ist.

Wenn ein stolzer Mensch mit sich selbst prahlt, liegt das in seiner Natur. Falsch, aber es liegt in seiner Natur.

Wenn man hingegen vorgibt, demütig zu sein, um seinem Nächsten zu gefallen, sich aber stattdessen in seinem Herzen für überlegen hält, begeht man zwei Sünden: eine gegenüber anderen Menschen, indem man sie täuscht, und eine gegenüber Gott.

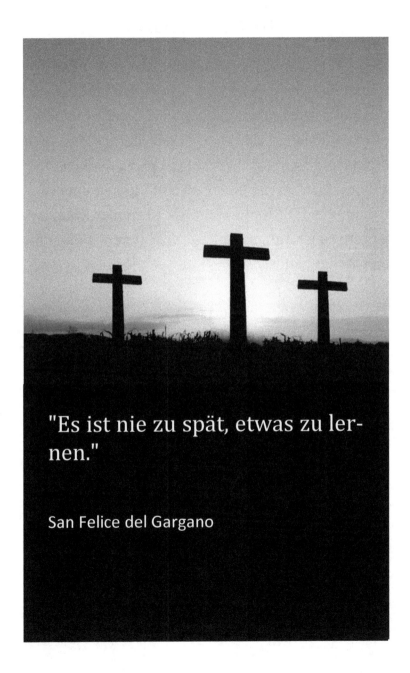

"Es ist nie zu spät, etwas zu lernen."

San Felice del Gargano

REFLECTION

Der heilige Felix wurde spät im Leben bekehrt.
Zuerst war er ein reicher Kaufmann, ein böser
und unwissender Mann. Dann, als er das Evangelium entdeckte, begann er eine Reise des Stu-
diums und Lernens. Das sollte uns zu denken
geben: Alter ist nie eine Entschuldigung, ebenso
wenig wie die Möglichkeit. Es ist immer Zeit zu
lernen, es ist immer Zeit zu reflektieren, es ist immer Zeit zu ändern.

"Heiligkeit sollte kein Privileg sein, sondern eine moralische Verpflichtung."

San Toribio

REFLECTION

Lassen Sie uns noch einmal gemeinsam über die Bedeutung von Heiligkeit nachdenken.

Oft werden "Heilige" als außergewöhnliche Menschen gesehen, die fähig sind, im Herzen und in ihren Handlungen rein zu sein. Dies ist überhaupt nicht der Fall. Ein Heiliger zu sein, ist kein Geschenk, das der Himmel für einige wenige Privilegierte reserviert, sondern es ist eine tägliche Verpflichtung: Es ist der wahre Weg, den jeder Christ gehen muss. Jeder soll seinem Nächsten helfen, keine Sünden begehen und sich die Hände schmutzig machen.

"Ich wollte ein Heiliger werden
und ließ mich nicht entmutigen.
Ich sagte mir: "Gott kann keine
unerfüllbaren Wünsche wec-
ken."

Heilige Therese von Lisieux

REFLECTION

Hier sind wir mit einer doppelten Lesung konfrontiert.

Auf der einen Seite gibt es die Reflexion über
Heiligkeit als etwas Konkretes, etwas wirklich Er-
reichbares, das durch Handlungen, Opfer, Verzi-
cht zu suchen ist.

Zum anderen die theologische Betrachtung dessen, was Gott für uns im Leben bereithält: in diesem Fall der Gedanke, dass Gott uns nicht mit
unerreichbaren Wünschen in die Irre führt. In diesem Zusammenhang sprechen wir von Heiligkeit.

"Beginnen Sie damit, das Notwendige zu tun. Was ist dann möglich. Plötzlich findet man sich dabei, das Unmögliche zu tun."

Heiliger Franz von Assisi

REFLECTION

Manchmal machen wir uns mit großen Plänen im Kopf auf den Weg, aber wir hören bei der ersten Schwierigkeit auf und denken, wir sind nicht gut genug, nicht klug genug, nicht stark genug. Wir geben auf.

Franziskus lädt uns ein, mit kleinen Dingen zu beginnen, mit kleinen täglichen Projekten, anstatt zu versuchen, alles und sofort zu bekommen.

Wir dürfen nie denken: "Das schaffe ich nie, es ist zu schwierig, es erfordert zu viele Opfer". Mit der Kraft des Willens und mit Gottes Hilfe können wir, angefangen bei kleinen Dingen, alles erreichen: auch das, was uns bis vor kurzem noch unmöglich erschien.

"Heiligkeit besteht darin, immer fröhlich zu sein."

Heiliger Johannes Bosco

REFLECTION

Im Gegensatz zu einigen, die sich die Heiligkeit als ein Leben in der Zurückgezogenheit vorstellen, weit weg von der Welt, ausschließlich dem Gebet gewidmet, lehrt uns Don Bosco aus seiner Erfahrung als Straßenpriester, dass ein Lächeln die schönste und befriedigendste Sache der Welt ist.

Zu lächeln und fröhlich zu sein, bedeutet, anderen die Liebe zu zeigen, die Gott für uns hat. Das Leben ist voller Schwierigkeiten und schwieriger Momente, aber wir müssen immer ein Lächeln auf den Lippen haben, weil Gott mit uns ist. Der Heilige weiß das, obwohl auch er durch dunkle Momente und Leiden gehen musste.

"Demut ist die größte aller Tugenden. Demut vor den Menschen und vor Gott."

Heiliger Philister

REFLECTION

Demut ist ein wiederkehrendes Thema in christlichen Schriften.

Demütig zu sein bedeutet zu erkennen, dass der eigene Verdienst zu jedem Zeitpunkt von vielen anderen übertroffen werden kann. Antike Kaufleute spendeten Reichtum an den Tempel, um ihre Macht zur Schau zu stellen, so wie viele andere reiche Menschen in der heutigen Zeit im Rampenlicht für wohltätige Zwecke spenden, um wahrgenommen zu werden. Aber es wird immer jemanden geben, der reicher, mächtiger und tugendhafter ist. Was nützt es also, mit seiner Tugend anzugeben?

Wir sind alle kleine Menschen vor Gott.

"Ich möchte, dass wir über die Fehler der Heiligen sprechen und darüber, was sie getan haben, um sich zu korrigieren; das würde uns besser dienen als ihre Wunder und Ekstasen. (Heilige Bernadette Soubirous)

REFLECTION

Die heilige Bernadette (7. Januar 1844 - 16. April 1879), das Mädchen, das durch die mystischen Visionen von Lourdes berühmt wurde, ist seit jeher für ihre Einfachheit und Sanftmut bekannt, obwohl sie das größte Wallfahrtszentrum der Christenheit ins Leben rief.

Mit diesem Satz lädt er die Menschen dazu ein, zu verstehen, dass Heilige Menschen sind, und als solche haben sie Fehler. Zu verstehen, wie diese Fehler bekämpft und überwunden wurden, in einer Reise der Selbstvervollkommnung, ist das bestmögliche Zeichen der Heiligkeit.

Wunder sollten in der Verantwortung von Gott und der Gottesmutter bleiben.

"Heiligkeit ist eine Pflanze, die ihre Spitze im Himmel und ihre Wurzeln in der Wüste hat."

Heiliger Patronius von Alexandrien

REFLECTION

Was bedeutet es, ein Heiliger zu sein?

Streben Sie nach Glückseligkeit, also nach dem Himmel?

Ja, natürlich. Aber wer den Himmel erreichen will, muss zuerst verstehen, dass das irdische Leben aus Leid und Schmerz besteht, dass der Einsatz, der nötig ist, um sich zu verbessern, ständig ist. Die Wüste steht für die Härte des Lebens, die Trockenheit, die Sterilität. Und es ist inmitten dieses trockenen, von der Sonne ausgedörrten Bodens, dass der Heilige (jeder von uns) den Samen für die Pflanze säen muss, die seinen Geist darstellt. Und lassen Sie es sprießen.

"Nichts darf Sie stören. Alles vergeht; und was nicht ewig ist, ist nichts."

Heiliger Johannes Bosco

REFLECTION

So viele Male finden wir uns in Sorgen versunken. Es scheint uns, dass unser Leben voller Schwierigkeiten ist, und schlechte Gedanken lassen uns nicht los.

Was auch immer die Probleme sein mögen, die uns umgeben, Don Bosco lehrt uns, dass sie letztlich nur ein Teil des Lebens in dieser Welt sind. Alles ist vergänglich im Vergleich zur Ewigkeit. Unser irdisches Leiden ist begrenzt, und wenn wir Glauben haben, kann es in ewiges Glück verwandelt werden.

Machen wir uns nicht zu viele Sorgen und leben wir unser Leben in Ruhe.

"Mensch, spricht der Herr, denke daran, dass ich dich zuerst geliebt habe. Du warst noch nicht da, die Welt existierte noch nicht, aber ich liebte dich bereits."

Der heilige Alfonsus Maria von Liguori

REFLECTION

Was denkt Gott über uns?

Oft hat man uns gesagt: "Gott liebt dich", aber was bedeutet das wirklich?

Wir sind nicht in der Lage, es zu begreifen. Und das können wir einfach nicht, weil Gottes Liebe zu uns unser Verständnis, unseren Intellekt übersteigt. Wir sind ein Teil von ihm, und seine Liebe zu uns ist älter als das Universum selbst. Deshalb machen wir Menschen oft den Fehler, alles auf eine menschliche Dimension zu reduzieren: Mir passiert etwas Schlimmes, deshalb liebt Gott mich nicht.

Ist es nicht! Das sollten wir uns immer vor Augen halten.

"Du darfst, mein Bruder, nicht an Gott glauben. Aber Gott wird nie aufhören, an Sie zu glauben."

Der heilige Pio von Pietrelcina

REFLECTION

Oft ertappen wir uns auf unserer Reise dabei, dass wir den Glauben an Gott verlieren. Manchmal, wenn uns etwas Schlimmes passiert, denken wir, dass es Gottes Schuld ist oder dass Gott uns nicht helfen will.

Das kann passieren, wir sind Männer.

Wir sind nur Menschen. Genau daran müssen wir immer denken. Gott wird immer da sein, bereit, uns mit offenen Armen zu empfangen, wenn wir uns entscheiden, wieder Vertrauen in ihn zu haben.

"Lehnt euch nicht gegen die Wand: sie wird einstürzen. Lehnt euch nicht an den Baum: er wird verdorren. Stützt euch nicht auf den Menschen: er wird sterben. Stützt euch allein auf Gott: Er wird immer bleiben!"

REFLECTION

Alles um uns herum ist vorübergehend.

Unser Besitz, Geld, Macht: alles Dinge, die dazu
bestimmt sind, zu verschwinden. Alles Dinge, auf
die man sich nicht verlassen sollte.

Auch unsere Zuneigung ist dazu verdammt, zu
verschwinden. Der Mensch ist ein sterbliches Ge-
schöpf. Wir müssen lieben, aber wir müssen auch
verstehen, dass unser Leben nicht ewig ist und
unsere Liebe auch nicht.

Die eine Sache, auf die wir immer zählen können,
ist Gott.

"Die Zeit, Gutes zu tun, ist jetzt."

Heilige Katharina von Siena

REFLECTION

Die Zeit, die Gott uns auf dieser Welt gegeben hat, ist begrenzt.

Wir dürfen sie nicht verschwenden und uns nicht hinter nutzlosen Ausreden verlieren. Unsere Aufgabe als Christen ist es, Gutes zu tun, und zwar jedem gegenüber. Zu oft verschieben wir auf morgen, was wir heute tun können: Verschwendete Zeit kommt nicht zurück.

"Säe Freude in den Garten deines Bruders, und du wirst sie in deinem blühen sehen."

Der heilige Pio von Pietrelcina

REFLECTION

Es gibt eine Sache, an die wir uns in unserem Leben als Christen in dieser Welt immer erinnern müssen: zuerst an andere zu denken und dann an uns selbst.

Wir dürfen niemals egoistisch sein. Wir dürfen unsere Besitztümer nicht nur für uns selbst behalten. Wir dürfen unserem Freund eine Gefälligkeit nicht verweigern.

Was gibt es Schöneres, als einen Bekannten glücklich zu machen? Manchmal braucht es nur ein Wort, einen Anruf, eine Umarmung. Was wirklich zählt, ist der Gedanke.

Wenn wir dies im Geiste der Solidarität tun, ohne eine Gegenleistung zu erwarten, werden wir unseren Lohn im Himmel haben.

"Geben Sie Ihre Gewissheiten auf und begrüßen Sie Ihre Zweifel. Das Leben besteht aus Zweifeln, niemals aus Gewissheiten."

San Pino Carrisi

REFLECTION

Manchmal sind wir uns unserer Überzeugungen, unseres Wissens so sicher, dass wir die geringste Konfrontation nicht akzeptieren. Wir stellen das, was wir wissen, nicht in Frage, auch wenn wir oft keine Experten auf diesem Gebiet sind.

Das Leben des Menschen besteht nicht aus Gewissheiten. Sein Intellekt ist begrenzt, sein Wissen begrenzt. Wir sollten uns immer Fragen stellen, reflektieren, nachdenken. Der heilige Augustinus hat es auch gesagt: Ein unreflektierter Glaube ist ein blinder Glaube.

"Du kannst dem Satan nicht ent-
gegentreten, wenn du nicht vor
Gott kniest. Er kommt nicht
durch die Fenster herein, die Sie
fest verschlossen haben, er
kommt durch die Tür, die Sie
geöffnet haben, um ihn zu
"

REFLECTION

Wer ist Satan?

Wir denken oft an die Darstellung des roten Teu-
fels mit Hörnern. Dies ist nicht der Fall. Das
Böse, der Teufel, sind unsere Versuchungen: die
Versuchung, Böses zu unserem eigenen Vorteil
zu tun, auch wenn das bedeutet, jemanden zu ver-
letzen.

Was kann man tun, um Sünde, Versuchung und
damit Satan abzuwehren? Der einzige Weg ist, zu
beten und vor allem auf Gott zu vertrauen.

"Liebe jeden Menschen, obwohl er in Sünde gefallen ist. Wir haben alle den gleichen Ursprung - Gott."

Hl. Johannes von Kronstad

REFLECTION

Wer sind wir, dass wir darüber urteilen?

Wir haben es schon so oft gehört. Wir haben es schon so oft gehört, als Einladung oder als Warnung. Haben wir jemals wirklich aufgehört, darüber nachzudenken? Denn es ist viel einfacher, die Fehler und Einstellungen anderer zu beurteilen, als über unsere eigenen Fehler nachzudenken.

Diejenigen, die vor uns stehen, sind also keine Sünder: Sie sind Menschen, Sünder wie wir. Der einzige, der uns richten kann, ist Gott.

"Nimm für dich den bescheiden-
sten Platz, um den Kindern und
Armen den schönsten und be-
quemsten Teil zu lassen."

St. Louis Orion

REFLECTION

Die christliche Nächstenliebe wird vor allem in Bezug auf die Geringsten, die Wehrlosen, die Ausgegrenzten gesehen. Kinder, Arme, Waisen sind die Menschen, die von der Gesellschaft oft vernachlässigt werden.

Nun, die Aufgabe von uns Christen ist es, an sie zu denken, immer und in jedem Fall. Und wir müssen bereit sein, zu verzichten, unsere Ansprüche zurückzustellen, um ihnen etwas Besseres zu geben.

"Kümmere dich nicht um das, was du hast, sondern um das, was du bist."

San Gregorio

REFLECTION

In unserem Leben geraten wir alle oft in die Versuchung, zu viel Wert auf materiellen Besitz zu legen.

Wir denken darüber nach, ein neues Auto zu kaufen, ein schönes Haus, teure Kleidung. Wir geben sehr oft Geld aus, nur um in den Augen anderer Menschen reich zu erscheinen. Aber ist es wirklich das, worüber wir uns Sorgen machen sollten? Sind unsere materiellen Besitztümer in den Augen Gottes wichtig? Nein. Das Wichtigste ist, dass wir uns rechtschaffen und aufrecht verhalten; das Wichtigste ist, dass wir gute Christen sind.

"Zeige mir den Weg und sorge dafür, dass ich ihm folgen kann. Ich komme zu Ihnen, wie der Verwundete zum Arzt geht und um Hilfe bittet."

Heilige Brigitta von Schweden

REFLECTION

In diesem Bittgebet wendet sich die heilige Brigitte von Schweden an Gott und bittet ihn, ihr den Weg zu zeigen, um die Seligkeit zu erreichen.

Dies ist eine Bitte um Hilfe, weil wir alle Sünder sind, vergleichbar mit den Verwundeten, und wir brauchen Gott, sein Eingreifen, um uns zu heilen, um uns zu heilen. Unser verwundeter Zustand darf uns nicht von dem Wunsch ablenken, weiter auf Gott zuzugehen.

"Heiligkeit ist kein Mantel, den man trägt, sondern ein Tuch, das man Faden für Faden, Tag für Tag webt."

Heilige Katharina

REFLECTION

Heiligkeit ist keine Marke, keine Bezeichnung, die man wie einen Aufkleber aufkleben kann. Heiligkeit bedeutet nicht, automatisch im Himmelreich willkommen zu sein.

Heilig zu sein ist eine ständige und tägliche Verpflichtung. Heilig zu sein, erfordert Müdigkeit und harte Arbeit. Es ist notwendig, den Verlockungen der materiellen Welt zu widerstehen, und es ist wenig nötig, nachzugeben. Deshalb müssen wir Tag für Tag unsere Verpflichtung erneuern, uns Gott zu widmen und die Sünde zu fliehen.

"Was ist das Wichtigste, was Sie Ihrem Kind beibringen können, um ein guter Christ zu sein? Bringen Sie ihm bei, morgens sein Bett zu machen, jeden Tag."

Heiliger Hieronymus

REFLECTION

Elternschaft ist der schwierigste Job der Welt, das wissen wir schon. Und noch schwieriger ist es für katholische Eltern, die versuchen, ihr Kind auf den Weg des Christentums zu führen.

Was soll man tun, was nicht, welche Ratschläge soll man geben, um nicht zu aufdringlich zu sein und die Entscheidungsfreiheit zu gewährleisten, aber gleichzeitig die Bedeutung von Jesus Christus deutlich zu machen?

Der heilige Hieronymus schlägt vor, dass wir nicht aufhören sollten, zu viel über theologische Fragen zu reden: Das Wichtigste ist der Pragmatismus. Der Weg des guten Katholiken wird vom Morgen an gesehen, und das eigene Bett zu machen ist die erste Geste der Verantwortung und des Opfers: eine Geste, die ein Beispiel für den Rest des Tages und den Rest des Lebens sein wird.

"Sünder kommen auf dem Weg
der Lust in den Schmerz; Heilige
kommen auf dem Weg der Lust
in den Schmerz."

Heiliger Pio Feliciani

REFLECTION

Unser Leben in dieser Welt ist ein Spiegelbild dessen, was unsere Bestimmung in der Ewigkeit sein wird.

Den Vergnügungen des Fleisches, der Lust, des Geldes, der Macht zu folgen, geizig und böse zu sein, wird uns zu einem Schicksal des Leidens in der Hölle führen.

Uns für andere aufzuopfern, auf unseren Besitz zu verzichten, kein Geld zu horten und den Bedürftigen zu helfen, wird uns Opfer kosten, aber es wird die Tore des Himmels öffnen.

"Predigt das Evangelium zu allen Zeiten. Wenn nötig, benutzen Sie Worte."

Heiliger Josef

REFLECTION

Der heilige Josef will uns mit diesem Satz dazu bringen, über die Bedeutung und Wichtigkeit des Beispiels über den einfachen Worten nachzudenken. Das Evangelium zu verkünden bedeutet vor allem, sich so zu verhalten, wie es die Lehren des Evangeliums vorsehen: durch Handlungen, durch das Beispiel, wird das Wichtigste der Verkündigung erreicht. Nur wer sieht, dass der Christ sich wie ein Christ verhält und nicht nur auf schöne Worte zurückgreift, wird in der Lage sein, tief nachzudenken und sich dem Wort Gottes zu nähern.

"Wenn du an die Tür der Schrift klopfst, wird sich dir das Wort Gottes öffnen."

Heiliger Ambrosius

REFLECTION

Wie wichtig ist es, die Heilige Schrift zu kennen?

Die Wichtigkeit, das Evangelium zu kennen, ist
überragend. Die Bibel wurde durch die Inspira-
tion Gottes geschrieben, und das Evangelium han-
delt vom Leben Jesu Christi. Durch das Lesen
dieser Werke können wir viel lernen, und auf
diese Weise werden wir unseren Glauben ver-
größern.

"Die Kleider, die du im Haus aufbewahrst, gehören denen, die unbekleidet sind; die Schuhe, die du alt werden lässt, gehören denen, deren Füße nackt sind."

REFLECTION

Warum halten wir daran fest, materielle Güter anzuhäufen?

Viel zu oft denken wir nur an das neue Automo-
dell, das neue Kleid, die neue Uhr. Und sobald
wir all diese Dinge haben, wollen wir mehr, wir
wollen neue, also lassen wir sie unbenutzt alt werden.

Haben wir uns jemals gefragt, ob jemand sie
braucht? Wir brauchen sie nicht, während andere
Leute sie brauchen könnten. Unsere Aufgabe als
Christen ist es nicht, materielle Güter anzuhäufen,
sondern sie mit den Bedürftigen zu teilen.

"Wer liebt, tut alles ohne Mühe,
oder er liebt seine Mühe."

Heilige Bernadette Soubirous

REFLECTION

Wie groß ist die Macht der Liebe?

So groß, dass wir all unsere Bemühungen vergessen. Das ist es, was die heilige Bernadette uns sagen wollte: Liebt so viel ihr könnt, denn es wird keine Last sein, wenn ihr es im Namen Gottes tut. Im Gegenteil, Sie werden diese Mühsal schätzen lernen: Sie ist ein Zeichen für Gottes Segen.

"Zur Ehre Gottes ist es nicht wichtig, viel zu tun, sondern gut zu tun."

Heilige Therese von Lisieux

REFLECTION

In vielen Fällen haben wir das Bedürfnis, viele Dinge zu tun.

Aber viele Dinge zu tun ist nie gleichbedeutend damit, sie gut zu machen.

Es gibt kein Bedürfnis, von anderen gesehen zu werden oder in den Augen von jemandem als der Beste zu erscheinen. Es gibt keinen Grund, sich mit tausend Aktivitäten zu beschäftigen, wenn man keine davon gut kann.

Es braucht nur sehr wenig: Alles, was es braucht, ist eine Sache, der man sich mit ganzer Kraft widmet. Gott nahm mehr Rücksicht auf die Frau, die ein einziges Geldstück gab, als auf den reichen Mann und seine Truhe voller Gold: denn dieses Geldstück war alles, was die Frau hatte.

"Die Gottlosen lästern: So gewöhnen sie sich an die Sprache, die sie in der Hölle verwenden müssen."

Der heilige Bernhardiner von Siena

REFLECTION

Die Lästerung des Namens Gottes ist eine schwere Sünde.

Gott hat uns das Leben geschenkt, er liebt uns, und seinen Namen für Missgeschicke zu verfluchen, die oft unsere Schuld sind, ist eine wirklich schlechte Angewohnheit.

Und wie alle Sünden kann sie uns in die Hölle führen, wenn wir nicht um Vergebung bitten. Und dort, in der Hölle, werden wir viel haben, um Gottes Namen zu lästern, angesichts des Leidens, zu dem wir verdammt sein werden.

"Frömmigkeit ist eine Würze für alle Tugenden, die ein Mensch haben kann."

Der heilige Bernhardiner von Siena

REFLECTION

In der Antike stand Frömmigkeit für das Gefühl religiöser Hingabe und den Respekt vor familiären Werten.

Der heilige Bernhardin versteht es genau in diesem Sinne. Die Tugenden eines Menschen können durch den Glauben an Gott und die Barmherzigkeit gegenüber anderen bereichert werden. Eine Würze, das heißt, eine Ergänzung, eine Nuance der Veredelung.

"Nichts ist unmöglich für die, die glauben, und nichts ist schwer für die, die lieben."

Heilige Therese von Lisieux

REFLECTION

Der Glaube an Gott macht alles möglich.

Wenn Sie an ein Projekt denken und es für uner-
reichbar halten, beginnen Sie im Vertrauen auf
Gott: Sie werden sehen, dass nichts Sie aufhalten
kann.

Schwierigkeiten sind dazu da, überwunden zu
werden, und Sie werden sie mit der Hilfe Gottes
und der Menschen, die Sie lieben, überwinden.

Niemals den Mut verlieren!

"Alle Laster sind mit Stolz gewürzt, wie die Tugenden mit Nächstenliebe gewürzt sind."

Heilige Katharina von Siena

REFLECTION

Wenn jemand stolz ist, denkt er, dass er allen überlegen ist. Deshalb hat er eine Haltung des Hochmuts, der Verachtung gegenüber anderen, sogar gegenüber Gott.

Das Begehen von Sünden ohne Reue ist auf Stolz zurückzuführen: Wir fühlen uns so hoch oben, dass wir von niemandem beurteilt werden, also ist das, was wir tun, richtig oder falsch, basierend allein auf unserer persönlichen Moral.

Im Gegenteil, die Nächstenliebe, also die Liebe zu Gott und zum Nächsten durch Gott, besteht darin, sein Urteil zu akzeptieren. Seine Moralvorstellungen als Christen zu akzeptieren. Sich unter ihn zu stellen.

"Der Grund für alles Böse ist, dass sich niemand die Schuld gibt. "

Heilige Therese von Lisieux

REFLECTION

Denken wir jemals darüber nach, was wir getan haben? Übernehmen wir Verantwortung?

Oder ziehen wir es vor, die Schuld auf die Menschen um uns herum, auf geliebte Menschen, auf das Schicksal, auf Gott zu schieben?

Zu einfach, zu bequem. Zu lernen, die eigenen Fehler zu verstehen und zu erkennen, dass wir schuld sind, ist der erste Schritt, um sie nicht zu wiederholen und sich zu verbessern.

In einer idealen Welt, in der keiner dem anderen die Schuld gibt, wären wir alle verantwortungsvoller.